도서
출판 **밀알서원** (Wheat Berry Books)은 CLC가 공동으로 운영하는 복음주의 출판사로서 신앙생활과 기독교문화를 위한 설교, 시, 수필, 간증, 선교·경건서적 등을 출판하고 있습니다.

대자연의 가르침

Teachings of Mother Nature
Written by Wansoo Kim
All rights reserved.
Korean Edition Copyright © 2024 by Wheat Berry Books, Seoul, Korea.

대자연의 가르침

2024년 9월 30일 초판 발행

지 은 이 | 김완수

편　　집 | 오현정
디 자 인 | 소신애, 서민정
펴 낸 곳 | 도서출판 밀알서원
등　　록 | 제21-44호(1988. 8. 12.)
주　　소 | 서울특별시 동대문구 천호대로71길 39
전　　화 | 02-586-8761~3(본사) 031-942-8761(영업부)
팩　　스 | 02-523-0131(본사) 031-942-8763(영업부)
이 메 일 | clckor@gmail.com
홈페이지 | www.clcbook.com
송금계좌 | 기업은행 073-085404-01-017 예금주: 밀알서원
일련번호 | 2024-103

ISBN 978-89-7135-159-8 (03230)

이 책의 출판권은 도서출판 밀알서원이 소유합니다. 신저작권법에 의하여
한국 내에서 보호받는 저작물이므로 무단 전재와 무단 복제를 금합니다.

이 책은 2024년 한국예술인복지재단 일반예술활동준비금사업 지원금을 받아 제작되었습니다.

한영 이중 언어 시집
Teachings of Mother Nature

대자연의 가르침

김완수 시집

도서
출판 **밀알서원**

목차

서문/Preface   8

제1부 식물
Part 1: Plants

새싹/A New Sprout	10
벚꽃/Cherry Blossoms	12
진달래/Azaleas	14
덩굴장미/A Climbing Rose	16
소나무/A Pine Tree	18
고추/A Chili	20
수박/A Watermelon	22
해바라기와 채송화/Sunflowers and Sun Plants	24
대나무 숲/A Bamboo Grove	26
담쟁이덩굴/Ivy	28
버섯/Mushrooms	30
게발선인장/A Crab Cactus	32
겨울나무/A Winter Tree	34

CONTENTS

제2부 동물
Part 2: Animals

나비 / A Butterfly	36
지렁이 / An Earthworm	38
금붕어 / Goldfish	40
황소 / A Bull	42
새장 속의 새 / A Bird in a Cage	44
꿀벌 / Honeybees	46
개미의 상상력 / An Ant's Imagination	48
개 / A Dog	50
토끼와 오리 / A Hare and a Duck	52
종달새 / Skylarks	54
거미 / A Spider	56
독수리 / An Eagle	58
기린 / Giraffes	60
암탉 / A Hen	62

목차

제3부 땅과 바다
Part 3: The Land and the Sea

호수/A Lake	64
지구/The Earth	66
파도/The Waves	68
산/A Mountain	70
일출/Sunrise	72
오아시스/An Oasis	74
조약돌/Pebbles	76
온천/A Hot Spring	78
폭포/The Waterfall	80
어둠/Darkness	82
빙하의 눈물/Tears of Glacier	84

CONTENTS

제4부 하늘과 별
Part 4: The Sky and Stars

눈이 내립니다/It's Snowing	86
비의 위로/Consolation of the Rain	88
달/The Moon	90
구름의 매력/The Charm of Clouds	92
은하수/Galaxy	94
천둥과 번개/Thunder and Lightning	96
폭풍우/A Rainstorm	98
파란 하늘/A Blue Sky	100
보름달/A Full Moon	102
석양/Sunset	104
천둥의 고함/Roars of Thunder	106
영(靈)의 바람/The Wind of Spirit	108
김완수 시인 시집 『대자연의 가르침』 평설	110

서문

김완수

  말에는 말하는 사람의 인격인 지정의가 담겨 있다. 그러므로 하나님의 말씀 속에는 그의 지정의가 나타나 있다고 할 수 있다.
  이번 시집에서는 하나님이 말씀으로 창조하신 자연의 피조물들을 묵상하며 각각의 피조물을 통해 암시하신 그의 의도를 발견하여 표현하기를 갈망하였다.
  하지만 어리석은 인간이 방대한 대자연 속에 감추어진 신비하고 놀라운 창조의 뜻을 발견하는 것은 불가능한 일이었다. 따라서 개개의 시적 대상에 대한 묵상 기도를 하며, 그 대상에 숨겨진 창조주의 뜻을 알게 해 달라고 그의 은혜와 지혜를 간청하였다. 그러한 과정에서 얻은 영감을 시로 형상화하였다.
  이러한 시들에 의해 하나님이 대자연을 통해 인간들에게 나타내고자 하신 숭고한 의도의 작은 일부라도 온 세상의 독자들에게 전달되기를 간절히 소망한다. 이를 위해, 이전에 발간한 시집들 『문명의 처방전』, 『감사꽃』, 『미친 사랑의 포로』처럼 다국어로 번역하여 국내뿐 아니라 해외에서 출간할 계획이다.
  남은 생애 동안, 영국의 저명한 신앙 시인들 존 던(John Donne), 조지 허버트(George Herbert), 존 밀턴(John Milton), 제라드 맨리 홉킨스(Gerard Manley Hopkins) 등의 전통을 잇는 신앙 시인으로 하나님의 은혜와 사랑을 전 세계에 전파하는 사명을 이행하고자 최선을 다할 것이다.

Preface

Wansoo Kim

Words contain the speaker's knowledge, emotion and will which are aspects of his character. Therefore, it can be said that God's words contain His knowledge, emotion and will.

In this poetry book, I longed to meditate on the creatures of nature that God created through His word, and to discover and express His intention as suggested by each creature.

However, it was impossible for a foolish human to discover the mysterious and wonderful meaning of creation hidden in the vast natural world. Therefore, I engaged in meditation prayers on each poetic object, and begged for His grace and wisdom to let me know the meaning of the Creator hidden in that object. I shaped the inspiration gained from such a process into a poem.

I earnestly hope that such poems will convey even a small part of the sublime intention of God, which He wants to show to humans through nature, to readers all over the world. To achieve this, I plan to publish this poetry book translated into multiple languages, both domestically and internationally, like my previous poetry books, "Prescription of Civilization", "Flowers of Gratitude" and "Captive of Crazy Love".

For the rest of my life, I will do my best to fulfill the mission of spreading God's grace and love to the whole world as a faith poet carrying on the tradition of the prominent English religious poets John Donne, George Herbert, John Milton, Gerald Manley Hopkins and others."

새싹

차갑고 캄캄한 감옥에서도
봄을 알리는 사명을 잊지 않고
만물의 주인만을 바라보며
기도의 불을 겨우내 뿜어 올리다가

굳게 닫힌 감옥 문을 마침내 녹여 버리고
연약한 연둣빛 머리를
하늘로 내밀어
감격의 찬양을 부르고 있습니다

겹겹이 둘러싼 두려움의 벽들과
제 살 찢는 고통의 눈물을
오직 기도의 불로 태워 버린
기도의 용사를 보니
뜨거운 눈물이 흐릅니다

크고 무서운 장애물이
사방에서 나를 에워쌀 때마다
새싹의 기도 영상이
머릿속 화면에 거듭거듭 되살아나
기도의 불기둥이 가슴에 솟구치게 하소서

A New Sprout

Without forgetting the mission to inform spring
Even in the cold and black prison,
Spouting the fire of prayer all winter
As it gazes at only the owner of all creation,

Finally, melting the prison doors firmly shut
And sticking out its weak and yellow-green head
Into the sky,
It is singing a hymn of deep emotion.

I shed hot tears
As I witness a warrior of prayer
That burned, only with the fire of prayer,
The walls of fear surrounded in layers,
And the tears of the pain that rips its own skin.

Whenever big and fearful obstacles
Surround me from every direction,
Please let the pillar of fire in prayer rise in my heart
Because the prayerful image of the new sprout
Revives repeatedly
On the screen in my head.

벚꽃

며칠 전 공원의 벚꽃들이
뭇사람의 찬사를 받으며
함박웃음을 터뜨리고 있었습니다

오늘 공원을 방문하니
땅바닥에 떨어진 꽃잎들이
비에 젖어 눈물이 흥건합니다

안타까운 눈빛으로
꽃잎들을 바라보자니
하늘이 한마디 건넵니다

"인간의 영광과 소유가
벚꽃과 같으니
영원한 하늘나라의
영광을 위해 살아라"

Cherry Blossoms

A few days ago, the cherry blossoms in the park
Were bursting into a big smile
Receiving praises from so many people.

But today, as I visit the park,
Their petals fallen on the ground
Are full of tears, wet in the rain.

As I look at the petals
With pitiful eyes,
The sky says to me:

"Live for the glory
Of the eternal kingdom of heaven
As human glory and possession are
Like cherry blossoms."

진달래

산등성 여기저기에
기도의 불이 타오릅니다

밤낮 가리지 않고
나라의 안녕을 위해
온몸을 불사르는 저 꽃들은
진정한 애국자들입니다

꽃들의 타오르는 불길은
숭고한 감동의 설교입니다

Azaleas

The fire of prayer is burning
All over the mountain ridge.

Those flowers that are burning their whole bodies
For the well-being of the country
Day and night
Are true patriots.

The burning flames of the flowers
Are the sermon of a sublime impression.

덩굴장미

담장 너머 고개를 길게 빼고서
수많은 꽃등을 줄지어 들고
온밤을 지새우며 기다릴 만큼
누구를 뜨겁게 사랑하느냐

겹겹이 불타는 꽃잎마다
영롱히 맺혀 있는 이슬방울은
그리움의 눈물처럼
애처롭게 빛난다

마음을 사로잡는
짙은 향기는
장미의 뜨거운 독백

"사랑은
삶의 소망이자 목적이다
사랑을 위해
인생 전체를 불태워라"

A Climbing Rose

Whom do you love passionately

Enough to wait for, staying up all night,

Holding countless flower lanterns in a row

With your head long drawn out over the fence?

The dewdrops formed brilliantly

On each petal burning in layers

Shine pathetically

Like tears of yearning.

The strong scent

That captivates my heart

Is a passionate soliloquy of the rose:

"Love is

The hope and purpose of life.

Burn your whole life

For love."

소나무

무더운 여름
그윽한 향기에 이끌려
그의 곁에 서면

시원한 그늘은
피로를 씻어 주고
상큼한 향기는
마음 가득 평화를 채워 줍니다

비가 오나 눈이 오나
한자리에 서서
녹색 손을 쳐들고
기도를 올립니다

"저를 만드신 자의 뜻을 위해
뿌리까지 바치게 하소서
사계절 내내 변함없는 믿음으로
세상을 섬기게 하소서"

A Pine Tree

When I stand by it
Attracted by its deep scent
In the hot summer,

Its cool shade
Relieves my fatigue
And its refreshing scent
Fills my heart with peace.

Whether it rains or snows,
It prays,
Standing in one place
With its green hands up:

"Please let me devote myself to even my roots
For the will of the One who made me,
And let me serve the world
With my unwavering faith throughout the four seasons."

고추

몸은 작지만
성격은 강하고 화끈하여
아무도 만만히 보지 못합니다

그는 누구에게도 비굴하지 않고
언제나 한결같이
정직하고 당당하게
일생을 살아가는
붉은 열정의 투사입니다

푸르른 청춘의 시절이나
병들어 죽어도
아니 온몸이 가루로 부서져도
변함없이 강하고 열렬한 정신을
가르쳐 줍니다

눈보라 치는 겨울에도
땀을 뻘뻘 흘리게 만드는
불같은 정열의 피를
수혈해 줍니다

A Chili

Although it's small in size,
Nobody takes it lightly
As it has a strong and hot personality.

It is a warrior of red passion,
Which lives its whole life
With honesty and confidence
As always
Without being servile to anyone.

Even when it is in the green days of youth,
Or it dies of illness,
Or its whole body breaks into powder,
It invariably teaches people
A strong and passionate spirit.

Even in the winter when there's a snowstorm,
It transfuses
The blood of fiery passion
That makes people sweat a lot.

수박

까만 씨 하나가 땅에 떨어져
커다란 수박들이 주렁주렁 열렸습니다

이 세상 그 누가
까만 씨 하나가 죽어
달콤한 수박들로 부활할 거라고
상상할 수 있을까요.

부활한 수박을 먹으며
수박씨의 말에 귀를 기울입니다

"너의 자아를 죽이고
창조주의 뜻을 따르면
이 땅에서도
부활의 풍성한 열매들을 맛볼 것이다"

A Watermelon

A black seed fell to the ground

And a lot of big watermelons were borne.

Who in this world

Can imagine

A single black seed will die

And be resurrected as sweet watermelons?

While eating a revived watermelon,

I listen to the words of watermelon seeds:

"If you kill your ego

And follow the will of the Creator,

You will taste the abundant fruits of resurrection

Even on this earth."

해바라기와 채송화

해바라기와 채송화가
밝게 미소 지으며
길가에 서 있습니다

해바라기는 채송화의 키가 작다고
비웃지 않고
채송화는 해바라기의 키가 크다고
기죽지 않은 채,
지나가는 사람들에게
행복 에너지를 선물하며
속삭입니다

"너는 이 세상에 하나뿐인
소중한 보물이다
남들이 가진 것을
너의 것과 비교하며
가슴 치거나 눈물짓지 말고
언제나 행복한 미소를 꽃피워라"

Sunflowers and Sun Plants

Sunflowers and sun plants
Stand by the roadside
Smiling brightly.

Sunflowers do not laugh at
The short height of the sun plants,
And sun plants do not feel intimidated
By the tall height of the sunflowers.
Both of them whisper
Presenting happy energy
To passersby:

"You are the only one precious treasure
In this world.
Always bloom a happy smile,
Not beating your heart or shedding tears
By comparing others' possessions
With yours."

대나무 숲

대나무들이 바람의 박자에 맞춰
가냘픈 몸을 흔들며
하늘 향해 노래합니다

바람이 공격할 때마다
수시로 온몸을 낮추지만
하늘 향해 꼿꼿이 자랍니다

언제나 마음속을 깨끗이 비우고
하늘 향해 조용히 기도하며
정결(貞潔)한 성자들처럼 삽니다

그들의 삶 자체가
경건한 설교입니다

A Bamboo Grove

Bamboo trees sing towards the sky
To the beat of the wind,
Shaking their thin bodies.

Whenever the wind attacks them,
They often lower their whole bodies,
But keep growing straight towards the sky.

Always emptying their hearts cleanly,
They live like chaste saints,
Praying quietly towards the sky.

Their lives themselves
Are a devout sermon.

담쟁이덩굴

오직 하늘이 주신 꿈을 향해
차가운 절벽 위를
한 걸음, 한 걸음씩
끊임없이 기어오르는 등반가

때로는 폭풍우가 온몸을 날리고
때로는 불볕이 온몸을 태워도
자신에게 주어진 하늘의 뜻을 단단히 붙잡고
손과 발을 힘차게 뻗습니다

따분하거나 힘들 때면
하늘이 주신 말씀을 계속 선포하며
자신의 마음을 다독거립니다

"두려워 말라 내가 너와 함께함이라
내가 너를 굳세게 하리라
참으로 너를 도와주리라"

Ivy

A climber that keeps crawling up
A cold cliff
Step by step
Only towards the dream given by the sky.

Sometimes, even if storms fly its whole body
And sometimes, even if the scorching sun burns its whole body,
It firmly holds on to the will of the sky given to itself
And stretches out its hands and feet with strength.

When it's bored or exhausted,
It gives courages to itself
Continually proclaiming the words given by the sky:

"Don't be afraid, for I'm with you;
I will strengthen you;
Indeed I will help you."

버섯

지난밤 비를 맞으며
햇빛이 전혀 없는
어둠의 감옥에 갇혀서도
부쩍 크고
훨씬 예뻐졌구나

내 꿈나무는
언제 키가 크고
멋진 꽃을 피울까

"빨리 크지 않거나
빨리 꽃이 피지 않는다고
눈물 흘리지 마라
봄에 피는 꽃이 있듯이
가을이나 겨울에 피는 꽃이 있단다"

버섯의 말을 듣고
하늘이 입을 열었습니다
"하나님이 심어 준 꿈은
네 삶의 가장 적기에
가장 멋진 꽃으로 피어날 것이니
믿음의 뜨거운 심장으로 기다려라"

Mushrooms

You've got much bigger
And much prettier
Even in the dark prison
Without any sunlight
Getting rained last night.

When will my dream tree
Grow tall
And bloom nice flowers?

"Don't shed tears
Just because it doesn't grow quickly
Or bloom flowers quickly.
There are flowers that bloom in autumn or winter
Just like there are flowers that bloom in spring."

Hearing what the mushroom said,
The sky opened its mouth:
"Wait with the hot heart of faith
Because the dream that God has planted in you
Will bloom into the most wonderful flower
At the best time of your life."

게발선인장

찬 공기의 칼날이 무서워
온몸을 이불로 휘감고
두려움에 떠는 달팽이 되어
TV 화면에 위로를 구걸하고 있을 때

거실 구석 찬 바닥에 앉아
거만한 찬 공기에
맨몸으로 포위당한 선인장은
찬 공기를 비웃으며
빨간 꽃망울을 피우기 위해
뜨거운 기도를 뿜어내고 있습니다

"차가운 세상에
창조주의 사랑을 알리는
향기로운 꽃을 피우게 하소서"

선인장의 핏빛 외침을 들으며
무기력하고 연약한 달팽이는
심장의 피가 뜨거워집니다

A Crab Cactus

When, being afraid of a knife edge of the cold air,
I'm begging consolation on TV,
As the snail which winds its whole body with a blanket
And trembles with fear,

A cactus sitting on the cold floor
In the corner of the living room,
Nakedly surrounded with the arrogant cold air,
Is blooming red flower buds
With the power of the hot prayer
Laughing at the cold air.

"Let me bloom the fragrant flowers
That make the love of the Creator known
To the cold world."

As the cactus's blood-red cry is heard,
The listless and weak snail
Feels the blood in its heart get hot.

겨울나무

수개월 동안
뭇사람의 발길을 붙잡고
눈길을 사로잡았던
잎과 꽃의 보석들을
하나도 남김없이 스스로 떨구는 자

찬 바람의 채찍을
십자가 위의 예수처럼
무참히 맞을 때조차도
부활의 영광을 꿈꾸며
손 들고 기도하는 스승을
경탄의 눈으로 바라봅니다

하늘의 영광을 위해 살기 위해서는
이 땅의 영광을 위해 꿈틀대는
생각이나 감정의 잔뿌리까지
과감히 뽑아 버리라고
스승은 엄숙히 말씀하십니다

A Winter Tree

The one who to the very last,

Drops the jewels of leaves and flowers

That have captured the steps of many people

And held their gaze

For quite a while.

I, with the eye of admiration,

Look at my teacher who prays with his hands raised,

Dreaming of the time of revival,

Even when beaten brutally

By the whips of the cold wind,

Like Jesus on the cross.

The teacher solemnly tells me

To boldly uproot

Even the tiniest roots of my thoughts and emotions,

Which wriggle for the glory of this land,

To live for the glory of the sky.

나비

하늘을 자유로이 날며
예쁜 꽃들과 사랑을 나누는
네가 부럽구나

난 언제 가파른 삶의 정상에 올라
뭇사람의 박수받으며
찬란한 빛을 비출 수 있을까

"지금의 영광은
내 삶의 전부가 아니란다
이 축복은 애벌레와 번데기의
쓰라린 고난을 이겨낸 대가로
하늘이 준 선물이란다

지금 고난의 언덕을 오르는 중이라도
주저앉아 눈물 흘리지 마라
계속 꿈을 꾸며 문들을 두드리면
하늘이 너를 위해 준비해 둔
찬란한 영광의 문이
반드시 열릴 것이다"

A Butterfly

I envy you,

Who fly freely in the sky

And make love with pretty flowers.

When can I climb to the top of a steep life,

And shine a brilliant light

Receiving applause from so many people?

"The current glory

Is not everything in my life.

This blessing is a gift from the sky

In return for overcoming the bitter hardships

Of the caterpillar and the chrysalis.

Even if you're climbing a hill of hardship now,

Don't drop down and shed tears.

If you continue to dream and knock on the doors,

The one of the brilliant glory

The sky has prepared for you

Will surely open."

지렁이

비 온 뒤 공원길에
지렁이 한 마리가
온몸을 뒤틀며 산책을 하고 있습니다

사람들은
차갑고 날카로운 눈 화살을 쏘며
지나갑니다

눈 화살의 통증을
견디지 못한 지렁이는
울분을 토합니다

"어리석은 인간들아
모든 것을 외모로 판단하지 마라
하나님이 지으신 모든 존재는
특별하고 소중한 가치가 있으니까"

지렁이의 말은
사람들과 사물들의 감춰진 가치들을 발견하는
새로운 현미경이 되었습니다

An Earthworm

On the park path after the rain,
An earthworm is taking a walk
Wriggling its whole body.

People
Pass by
Shooting cold and sharp eye arrows.

The earthworm that can't endure
The pain of the eye arrows
Throws up its anger:

"Foolish humans,
Don't judge everything by its appearance
Because all the beings created by God
Have unique and precious values."

The words of the earthworm
Have become a new microscope
That discovers the hidden values of people and things.

금붕어

금붕어들이 작은 어항 속에서
활기차고 여유롭게 놉니다

좁은 유리방에
죄수처럼 갇혀 있으니
얼마나 답답할까

내 마음속 음성을 들은 것처럼
금붕어 한 마리가 윙크하며 다가옵니다

"나는 언제 어디서나
기뻐하고 감사하며 산단다
만물의 영장인 너는
그렇게 살지 않니?"

갑자기 부끄러운 피가 솟구치며
얼굴이 금붕어보다
붉게 물든다

Goldfish

Goldfish play in a small fishbowl
Cheerfully and leisurely.

How stifling it must be
To be locked up like prisoners
In a confined glass chamber!

A goldfish approaches me with a wink
As if it had heard the voice in my heart.

"I live with joy and gratitude
Anytime, anywhere.
Don't you live like that
As the master of all things?"

Suddenly, embarrassed blood surges,
And my face turns redder
Than a goldfish.

황소

때로는
새벽부터 저녁까지
채찍에 맞아 가며
무논을 갈아엎다
쓰러지기도 하지만

한마디 불평 없이
잔꾀를 부리지 않고
다리가 휘청거리도록
온 힘을 쏟아붓는 그에게
고개를 숙입니다

묵묵한 되새김질로
고통이나 불만을 삭이면서
주인의 지시를 따르는 그는
인내와 순종의 스승입니다

A Bull

Sometimes

He falls down

While plowing up a rice field

Being whipped

From dawn until evening.

However, I bow down to him

Who pours all his strength

Until his legs wobble,

Not playing any tricks

Without a single complaint.

He, who follows the directions of his master

Calming down his pain or displeasure

With a silent rumination

Is a teacher of endurance and obedience.

새장 속의 새

좁다란 창살 집에 갇혀
후드득 짹짹
그렇게 삽니다

야망도 불만도 없다는 듯
생기있는 눈망울을 반짝이며
짹짹 찌익찌익
노래를 부릅니다

한 가지 모이와 물만으로도
행복을 노래하는 자

욕망의 굴레를 벗어 버리고
자족하는 그의 삶 자체가
마음이 가난한 자가 복이 있다는
생생한 설교입니다

A Bird in a Cage

It lives

Trapped in a narrow iron grating house,

Fluttering and tweeting.

It sings

Chirping and chirruping

With lively eyes sparkling

As if it had no ambition or discontent.

The one that sings about happiness

Even with just one feed and water.

Its life of self-satisfaction itself

Free from the yoke of desire

Is a vivid sermon

That blessed are the poor in heart.

꿀벌

떼를 지어
군가를 부르며
집을 지키는 군사들

이른 아침부터 종일토록
온갖 꽃들을 찾아다니며
꽃가루들을 결혼시켜 주고
꿀을 선물로 받아 옵니다

평생토록
활기차게 일하는 그들은
항상 흥얼대며
기쁨의 춤을 춥니다

"일하기 싫은 자는
먹지도 말라
선(善)을 알고도 행치 않음은
죄다"

Honeybees

Soldiers guarding their houses
Singing military songs
In swarms.

From early morning till all day long,
They look for all kinds of flowers
And bring back honey as a gift
After having the pollen married.

They, which work energetically
All their life,
Dance with joy
Always humming:

"Those who don't want to work
Should not even eat.
To know what is good and not to do it
Is a sin.

개미의 상상력

가녀린 내 다리를 만드신 자가
호랑이의 날카로운 발톱과 사나운 이빨을
어떻게 만들었을까요?

조그만 나의 몸을 만드신 자가
드넓은 우주의 설계도를
어떻게 그렸을까요?

나 같은 미물 속에 감춰진
조물주의 설계도조차
찾지 못한 인간이
교만의 망원경이나 컴퓨터를 통해
우주의 설계도 비밀을 탐지하려 합니다

"어리석은 인간들아
그 비밀을 알고 싶다면
그 설계도를 만드신 자에게
무릎 꿇고 물어라"

An Ant's Imagination

How

Did the one who made my thin legs make

The tiger's sharp claws and fierce teeth?

How

Did the one who made my tiny body draw

The blueprint of the vast universe?

Humans, who have not found

Even the blueprint of the Creator

Hidden within the trivial being like me,

Try to detect the secret of the universe blueprint

Through telescopes and computers of arrogance.

"Foolish humans,

If you want to know that secret,

Kneel and ask the Creator

Who made that blueprint."

개

주인이 앉으라 하면 앉고
서라 하면 서고
"안돼" 하면
맛있는 음식도 절대 먹지 않습니다

주인을 볼 때마다
언제나 왕을 환영하듯
꼬리를 힘차게 흔들며
온몸으로 사랑과 존경을 보여 줍니다

항상 경호원처럼
주인을 따라다니며
주인에게 다가서는 낯선 이들에게
눈빛이나 목소리로
경고의 신호를 보냅니다

쳐다보는 이들에게
강렬한 눈빛으로 말합니다
"나처럼 너의 주인을 왕으로 섬겨라
너의 진짜 주인은 네가 아니라
너의 영혼을 만드신 분이다"

A Dog

When its master tells it to sit, it sits,
When its master tells it to stand, it stands,
And when its master says, "No,"
It never eats even delicious food.

Whenever it sees its owner,
It shows love and respect with its whole body
Wagging its tail vigorously
As if it welcomed a king.

Always following its master
Like its bodyguard,
It sends a warning signal
With its eyes or voice
To strangers approaching its master.

It says with a fierce look
To those who look at it:
"Serve your master as king as I do.
Your real master is not you
But the one who created your soul."

토끼와 오리

달리기 유전자가 빛나는 토끼는
산에서 살고
수영 유전자가 빛나는 오리는
강이나 호수에서 삽니다

유전자의 안경을 통해
행복과 사명을 발견한 그들은
자신의 행복과 사명이
어디에 있는지 몰라
방황하는 사람들에게
조언을 건넵니다

"하나님이 선물로 주신
너의 빛나는 유전자는 무엇이냐?
너를 만드신 그에게 간절히 물으면
그 보물을 찾을 거다"

A Hare and a Duck

A hare with a shining running gene

Lives in the mountains

And a duck with a shining swimming gene

Lives in rivers and lakes.

They that found their happiness and mission

Through the lenses of their genes

Give advice

To those who wander,

Not knowing

Where their happiness and mission are:

"What is your shining gene

That God has given you as a gift?

If you earnestly ask Him who created you,

you will discover that treasure."

종달새

새벽하늘로
힘차게 솟구치며
청아한 목소리로
만물을 깨우는 자들

그들이 부르는 노래는
어떤 성악가의 노래보다도
기쁨과 활력의 바람을
온몸의 세포마다 가득 채웁니다

"만물이여,
너희를 지으신 자를 찬양하라
그의 사랑과 은혜를 찬양하라
너희 존재 자체가 그의 축복이다"

Skylarks

Those that awaken all things
With their clear voices
Vigorously soaring up
Into the dawn sky.

The song they sing
Fills every cell in my body
With the wind of joy and vitality
More than any opera singer's song.

"All things,
Praise the One who created you.
Praise His love and grace.
Your existence itself is His blessing."

거미

어두운 처마 밑 한구석에
소망의 실타래 풀어놓고
간절히 기도하는
거미 한 마리

오늘도 어제처럼
조그만 벌레 한 마리
얼씬대지 않건만

수시로 신음을 토하면서도
또 다른 실 뽑아내며
희망찬 노래를 부릅니다

"눈앞의 현실을 보고
좌절하지 말자
하나님은 가장 적합한 때에
가장 좋은 것을 주신다"

A Spider

A spider

That prays earnestly

Spinning the threads of hope

In a corner under the dark eaves.

Though no insects appear

Today

Like they did not yesterday,

But even moaning sometimes,

It sings a hopeful song

Spinning another thread:

"Let's not be frustrated

At the reality before our eyes,

For God gives us the best thing

At the most suitable time."

독수리

새끼를 품에 안은 어미 독수리는
하늘 높이 날아올라
과감하게 새끼를 던집니다

눈이 뒤집힌 새끼가
몸부림으로 날개를 퍼덕이며
절망의 나락으로 떨어질 때
어미는 다시 새끼를 부둥켜안고
하늘 높이 올라가
새끼를 던집니다

수차례 비행 훈련 끝에
새끼는 늠름한 날개를 펼치며
어디론가 날아가고
어미는 새끼를 바라보며
콧노래를 흥얼댑니다

"꿈을 향해
담대한 믿음의 심장으로 날아라
두려움과 좌절은
실패의 구덩이로 추락하는 독약이다"

An Eagle

The mother eagle, holding her young in her arms,
Flies high into the sky
And boldly throws her young.

When the chick, whose eyes have turned upside down,
Falls into the abyss of despair
Flapping its wings in struggle,
The mother once again hugs her chick,
Flies up high into the sky
And throws her chick.

After several flight trainings,
The chick spreads its majestic wings
And flies away to an unknown destination,
While the mother watches her chick
And hums a song:

"Fly with the heart of bold faith
Towards your dream.
Fear and frustration
Are the poisons that fall into the pit of failure."

기린

땅 위에 살지만
수시로 긴 목을 쳐들고
하늘을 응시하는 자들

하늘이 돌아갈 나라라고 하면서도
땅 위의 보물들만 바라보며
가슴앓이하는 사람들

눈앞의 보물 때문에
하늘의 영원한 보물을
경시하는 자들에게

수시로 하늘을 응시하는
그들의 눈은
하나님의 생생한 말씀입니다

Giraffes

The ones that gaze at the sky

Often craning their long necks

Although they live on the ground.

The people who suffer from heartache

Looking only at the treasures on the ground

Although they claim the sky is the kingdom to return to.

To those who disregard

The eternal treasures of the sky

For the treasures in front of their eyes,

Their eyes,

Which often gaze at the sky,

Are vivid words from God.

암탉

암탉은 지시하거나
감독하는 자가 없을지라도
날마다 쉬지 않고
알을 낳습니다

인간들이
가져가는 것을 알면서도
한마디 불평 없이
주어진 사명의 길을 걷습니다

달걀을 먹을 때
때때로 암탉의 음성이 들립니다

"하나님이 너에게 준
사명이 무엇이냐
핑계 대지 말고
쉼 없이 사명을 길을 걸어가라"

A Hen

A hen lays eggs
Every day without fail
Even if there is no one
To instruct or supervise her.

The hen walks the path of her given mission
Without a word of complaint
Even if she knows
Humans take away her eggs.

I sometimes hear her voice
When I eat eggs:

"What is the mission
That God has given you?
Without making excuses,
Walk the path of your mission without rest."

호수

사나운 비바람에
호수의 마음이 흔들리자
산들의 얼굴이 일그러져 보이고
새들의 노래도 들리지 않습니다

비바람이 사라지고
호수의 마음이 잔잔해지자
미소 짓는 꽃들의 얼굴이 보이고
떨어지는 나뭇잎 소리까지 들립니다

호수는 하늘 향해 온 마음을 보냅니다
"늘 내 마음을 고요하게 하시어
늘 기쁨과 평화가 넘치게 하시고
하늘에 계신 자의
세미한 음성까지 듣게 하소서"

A Lake

When the heart of the lake is shaken
By a fierce storm,
The faces of the mountains appear distorted
And even the songs of birds are unheard.

When the heart of the lake becomes calm
By the disappearance of the storm,
The smiling faces of flowers are seen
And even the sound of falling leaves is heard.

The lake sends its whole heart towards the sky:
"Please always keep my heart calm,
Let it overflow with joy and peace,
And let me hear even the small voice
Of the One in the sky."

지구

왜 조물주는 이 거대한 지구를
비행기의 속도보다 빠르게 움직이게
만들었을까?

왜 조물주는 이 거대한 지구를
하루에 한 번씩 스스로 돌면서
일 년에 한 번씩 태양의 주위를 돌게
만들었을까?

"한 치 앞도 모르는
인간의 머리로
거대한 우주의 섭리를 어찌 알겠느냐?

내가 창조주의 법에 따라
매 순간 움직이듯이
너도 네 멋대로 살지 말고
매 순간 창조주의 법에 따라 살아라"

The Earth

"Why did the Creator make

This giant earth

Move faster than an airplane?"

Why did the Creator make

This massive earth

Revolve around itself once a day

And around the sun once a year?

"How can a human head,

Which doesn't know an inch ahead,

Comprehend the providence of the vast universe?

Just as I move every moment

According to the laws of the Creator,

Don't live your life as you please

But live every moment according to His laws."

파도

멀리서 바라볼 때
아름다운 그림처럼 보이던 파도가
가까이 다가오자
사나운 짐승처럼 울부짖습니다

내 젊은 시절에도
거센 파도가 여러 번 몰려와
내 마음의 잔잔한 평화를 깨뜨리고
아름다운 꿈나무를
뿌리까지 흔든 적이 있었습니다

수개월 전
부드러운 파도가
오랜 친구처럼 다가와
내 어깨를 토닥이며
건넨 말이
떠오릅니다

"나를 바라보면 물속에 쉽게 빠지지만
내 몸 위를 걷는 분만 바라보고
그의 두 손을 굳게 잡으면
내 몸을 타고 콧노래를 부를 수 있단다"

The Waves

When viewed from afar,
The waves that looked like a beautiful painting
Roar like a fierce beast
As they come closer to me.

In my younger days,
There were times when rough waves came crashing in,
Disturbing the calm peace of my heart,
And shaking the beautiful dream tree
To its very roots.

The gentle waves approached me
Like an old friend
A few months ago
And the words they handed me
Patting me on the shoulder
Come to my mind:

"If you look at me, you fall into the water easily.
But if you look at only the One that walked on my body
And hold His hands firmly,
You can ride on my body and hum."

산

인생은
한 번도 올라 보지 않은
미지의 산을 오르는 것

비 오는 날도 있지만
화창한 날도 있고
가파른 언덕길도 있지만
향기로운 꽃길도 있습니다

때로는 정상에 대한 환상으로
사춘기 소년처럼 가슴이 뛰지만
때로는 예상치 못한 폭풍우 때문에
주저앉거나 눈물을 흘립니다

과묵한 산은
계절마다 꽃다발을 건네며
미풍으로 소곤댑니다

"힘내라
인생은 오르막도 있지만, 내리막도 있단다
비 온 뒤에 햇빛은 더 밝게 빛난다"

A Mountain

Life

Is to climb an unknown mountain

That we have never climbed before.

There are rainy days,

But there are sunny days.

There are paths of steep hills,

But there are paths of fragrant flowers.

Sometimes with fantasies about the top,

Our hearts beat like those of adolescent boys.

But sometimes due to unexpected storms,

We drop down or shed tears.

The silent mountain

Whispers through breezes

Handing flower bouquets every season:

"Cheer up!

Life has both ups and downs.

The sun shines brighter after the rain."

일출

해마다 새해 첫날에는
사람들이 바닷가 일출 명소로
새 떼처럼 몰려갑니다

찬란한 빛의 예복을 입은 태양이
얼굴을 조금 내밀면
축복을 비추는 하나님이라도 만나는 양
저마다의 소원을
두 손 모아 바칩니다

태양은 눈부신 얼굴로
바다 위를 날아오르며
사람들을 향해
빛의 언어를 쏘아 댑니다

"어리석은 자들아 나는 신이 아니다
나를 만드신 하나님께
너희들의 소원을 말해라
그가 참빛이고 전능한 신이니까"

Sunrise

On New Year's Day every year,
People go to the famous sunrise spot on the beach
Like a flock of birds.

If the sun dressed in the robe of its brilliant light
Shows its face slightly,
People offer their own wishes
With their hands together
As if they met the God that shines their blessings.

The sun shoots the language of light
Towards people
Soaring over the sea
With its dazzling face:

"Foolish people, I am not God.
Tell your wishes
To the God who created me,
For He is the true light and Almighty God."

오아시스

사막을 건너는
지친 나그네들이
애타는 그리움으로
만나고 싶은
연인 이상의 여인

그녀는 목마른 자들에게 생수를 주고
배고픈 자들에게 과일을 주며
그들의 심장에 위로와 소망의 피를
아낌없이 수혈합니다

다시 길을 떠나는
나그네들의 가슴에
그녀의 따사로운 음성이
예수의 말씀으로 들립니다

"수고하고 무거운 짐 진 자들아
다 내게로 오라
내가 너희를 쉬게 하리라"

An Oasis

A woman beyond a lover

Whom weary travelers

Crossing the desert

Want to meet

With a fervent longing.

She gives fresh water to the thirsty,

Fruit to the hungry

And generously transfuses

The blood of comfort and hope into their hearts.

Her warm voice

Is heard as the words of Jesus

In the hearts of travelers

On their way again:

"Come to me,

All you who are weary and burdened,

And I will give you rest."

조약돌

부드러운 파도의 춤에 맞춰
해변의 조약돌들이
경쾌한 노래를 연주합니다

파도가 물러가자
태양의 뜨거운 애무를 느끼며
보석 같은 몸매로 반짝입니다

아낌없는 찬사를 쏟아 내는
관광객들에게
조약돌의 광채들은 말합니다

"삶의 거친 파도는
뼈를 깎는 아픔이지만
그 고난을 이기는 자들에게는
영광이 보석처럼 빛나리라"

Pebbles

The pebbles on the beach

Play a cheerful song

To the dance of gentle waves.

As the waves move backward,

The pebbles sparkle with jewel-like figures

Feeling the hot caress of the sun.

The radiances of the pebbles say

To the tourists

Who pours out praises lavishly:

"The rough waves of life

Are pains that cut off the bones,

But glory will shine like a gem

To those who overcome such hardships."

온천

무서운 찬바람의 위세에
나무들이 벌벌 떨고
온 땅이 꽁꽁 얼어붙은 날에도

뜨거운 애정을
온몸으로 쏟아 내는
사랑의 샘

그녀의 몸속에 들어가
한 몸을 이루니
그녀의 사랑의 불길이
얼어붙은 내 몸과 영혼을
통째로 녹입니다

천사의 아름다운 노래도
사랑이 없으면
시끄러운 꽹과리니
사랑으로 타오르는 불꽃이 되라고
그녀는 말합니다

A Hot Spring

Even on a day when the trees tremble
And the whole land is frozen stiff
Under the influence of a terrible cold wind.

A fountain of love
Pouring out its hot affection
From its whole body.

As I went into her body
And became one with her,
Her flames of love
Thaw my frozen body and soul
Entirely.

She tells me
To become a flame that burns with love
As even the beautiful song of an angel
Would become a noisy clatter
Without love.

폭포

폭포는 쉬지 않고
하얀 피를 힘차게 내뿜으며
장엄한 노래를 부릅니다

그의 피는
예수의 거룩한 보혈처럼
방문객들의 오염된 심장을 씻어 주고

그의 노래는 성가처럼
방문객들의 혈관을
영적 활력으로 가득 채워 줍니다

"예수의 사랑 한량없도다
예수의 사랑 한량없도다
그의 피 내 죄를 씻었네
그의 피 내 죄를 씻었네"

The Waterfall

The waterfall continuously sings

A magnificent song

Spewing white blood vigorously.

Its blood

Cleanses the tainted hearts of the visitors

Like the holy blood of Jesus,

And its song, like a hymn,

Fills the blood vessels of the visitors

With spiritual vitality:

"Jesus' love knows no bounds.

Jesus' love knows no bounds.

His blood has washed away my sins.

His blood has washed away my sins."

어둠

질병이나 슬픔의 불청객이
갑자기 찾아오면
걱정과 두려움의 먹구름에 휩싸인 마음은
희망의 빛을 점차 잃고
절망의 캄캄한 굴에 갇혀
어둠을 원망하기 일쑤입니다

불청객이 사라지고
절망의 굴에
가느다란 희망의 빛줄기가 들어오면
마음은 기적처럼 찾아온 빛에
기쁨과 감사의 눈물을 펑펑 흘립니다

공기처럼
하찮은 소모품으로 깔보던
빛의 진가를 가르쳐 준 어둠은
마음에 깊은 파문을 일으킵니다

"영원한 참빛을
마음에 모시면
어둠과 함께 있을 때라도
기쁨과 소망을 잃지 않을 것이다"

Darkness

When the uninvited guest of disease or sorrow
Visits me suddenly,
My heart, covered with the dark clouds of worry and fear,
Very often blames darkness,
Shut up in the dark tunnel of despair,
Losing the light of hope little by little.

When the uninvited guest disappears
And the thin beam of hope comes
Into the tunnel of despair,
My heart sheds the tears of joy and gratitude a lot
Thanks to the light that has come like a miracle.

The darkness that has taught me the true value of light
Which I've looked down on as a trivial consumable
Like air or water,
Causes deep ripples in my heart:

"If you hold the eternal true light
In your heart,
You will not lose joy and hope
Even when you're with the darkness."

빙하의 눈물

도시는
빌딩의 밀림 속에서
밤낮 에어컨이나 자동차와
열애에 빠져
사계절 춤을 춥니다

고고한 무늬 순백의 옷 차려입고
오랜 세월 처녀성을 지켜 온 여인은
도시가 온몸과 영혼으로 뿜어 대는
뜨거운 춤바람에
울화병으로 가슴이 터지고
오장육부가 찢어지는 통증으로
날로 야위며 흐느껴 웁니다

여인은 도시를 향해
가슴속 울분을 터뜨립니다

"자연은 하나님의 마음의 열매들이니
자연을 해치는 행위는
그의 가슴에 독가스를 뿌리거나
그것을 망치로 치는 것이다"

Tears of Glacier

In the jungle of buildings,
A city dances in all seasons
Falling in a hot love
With air conditioners or cars
Day and night.

A woman who has kept her virginity long years
In clothes of pure white with a lofty pattern
Sobs growing thin day by day with the pain
That the disease of repressed stress bursts her heart
And tears her internal organs
Because of the hot dancing wind
That city blows with his whole body and soul.

The woman vents her pent-up anger in her heart
Toward the city:

"As nature is the fruits of God's heart,
Acts that harm nature
Are spraying poison gas in His heart
Or striking it with a hammer."

눈이 내립니다

펑펑 함박눈이 내립니다
지저분한 거리와 쓰레기장이
하얀 동화의 나라가 되었습니다

펑펑 함박눈이 내립니다
슬픈 자들과 실패자들의 가슴을
위로와 소망의 손길로 어루만집니다

펑펑 함박눈이 내립니다
죄인들 가슴속의 죄와 허물을
하얗게 덮어 줍니다

함박눈이 복음의 말씀이 되어
만인의 가슴속에 내리며
서로 사랑하고 용서하면
아름다운 세상이 된다고 말합니다

It's Snowing

It's snowing heavily with large flakes.
Dirty streets and garbage dumps
Became a white land of fairy tales.

It's snowing heavily with large flakes.
They touch the hearts of the sad and the defeated
With the hands of solace and hope.

It's snowing heavily with large flakes.
They cover sins and transgressions in the hearts of sinners
With white.

Large snowflakes become the words of the Gospel,
Descend into the hearts of all people,
And say that if we love and forgive one another,
A beautiful world will be created.

비의 위로

논과 밭이
오랜 갈증으로
온몸이 갈라질 때
갑자기 내리는 소나기는
농부들의 구세주였습니다

취업에 실패하여
가슴속이 찢어지던 날
비는 가슴속 구석구석을
부드럽게 어루만지며
함께 흐느꼈습니다

"어떤 풀이나 나무도
때때로 비를 맞으며 꽃을 피우니
꿈을 잃지 말아라
머지않아 화창한 날들이 찾아오고
향기로운 꽃이 피어나리라"

Consolation of the Rain

When the rice paddies and fields
Are cracked by long thirst
In their whole bodies,
A sudden shower
Was the savior of the farmers.

On the day when my heart was torn
Due to the failure to get a job,
The rain sobbed with me
Gently caressing
Every corner of my heart.

"Any grass or tree blossoms
Sometimes getting soaked in the rain.
Don't lose your dream.
Before long, sunny days will come
And fragrant flowers will bloom."

달

한 치 앞도 안 보이는
캄캄한 밤길을
환한 미소로 동행하는 님

말없이 앞장서서
밀려오는 두려움을 내몰고 가며
자갈길도 꿈을 깔아
황금 길로 만들고

어두운 골짜기에
주저앉아 있을 때나
가파른 언덕길에
넘어져 있을 때는
걸음을 멈추고서
기다립니다

달은 가슴 깊이 새깁니다
"하나님은 나처럼
언제 어디서나
늘 너와 동행하신다"

The Moon

My love to go with me with a bright smile
On a dark night road
Not to be seen even an inch ahead.

Driving out the rushing fear
Leading the way without a word,
The moon spreads a dream even on a gravel road
And makes the road a golden one,

And when I flop
In a dark valley
Or when I fall
On a steep hill,
The moon stops walking
And waits for me.

The moon engraves this deep in my heart:
"God always goes with you
Anytime, anywhere
Like I do so."

구름의 매력

하늘을 캔버스 삼아
멋진 그림을 선물하다가
어느 날 하늘의 뜻에 따라
이 땅에 온몸을 던져
목마르거나 지친 생물들에게
기쁨과 활력을 되찾아 줍니다

구름은
때때로 가슴이 아프거나 슬플 때
시원한 빗소리로
위로의 노래를 불러 줍니다

"고난 때문에 너무 슬퍼하지 말고
주어진 사명에 최선을 다하자
하늘의 뜻을 따르면서
살아 있는 자체를 감사하며"

The Charm of Clouds

Giving nice pictures as gifts

Using the sky as a canvas,

Clouds bring back joy and vitality

To the thirsty or tired creatures

Throwing their whole bodies onto this land

According to the will of the sky one day.

Clouds

Sometimes sing a comforting song

With the cool sound of rain

When our hearts ache or feel sad.

"Let's not be too sad because of hardship

But do our best on the given mission,

Following the will of the sky

And being grateful for the very fact of being alive."

은하수

캄캄한 하늘에
바닷가의 모래알처럼 빛나는
뭇별들

그 누가 광대한 우주에
지구보다 더 큰 별들을 뿌려 놓고
빛의 합창단을 지휘할 수 있을까요?

웅장하고 화려한 노래가
온 우주에 반짝입니다

"만물이여 창조주를 찬양하라
피조물이 창조주를 찬양하는 것이 마땅하도다
그는 찬양받기 위해
만물을 창조하였도다"

Galaxy

Countless stars
Shining like a grains on the beach
In the dark sky.

"Who could scatter stars larger than the earth
In the vast universe
And conduct the choir of light?"

The grand and splendid song
Sparkles all over the universe:

"Praise the Creator, all things.
It is natural for creatures to praise the Creator.
He created all things
To be praised."

천둥과 번개

우르릉 번쩍번쩍
우르릉 번쩍번쩍

하늘이 굉음과 빛으로
호령할 때마다
온몸의 세포들이 파르르 떨린다

"어리석은 인간들아
살아 계신 하나님을 두려워하라

그의 성스러운 이름을
더럽히거나 조롱하지 말고
그의 이름을 온 세상에 드높여라"

우르릉 쾅 번쩍번쩍
우르릉 쾅 번쩍번쩍

Thunder and Lightning

Rumble, flash.

Rumble, flash.

Whenever the sky roars a command

With thunderous noise and light,

Every cell in my body trembles:

"Fear the living God,

Foolish humans.

Do not defile or mock

His sacred name,

But exalt His name

Throughout the world."

Rumble, bang, flash.

Rumble, bang, flash.

폭풍우

폭풍우 몰아치는 인생길을 거닐며
때때로 너무 힘이 들어
주저앉곤 했습니다

하지만 세월이 흐르며
인내심의 힘줄이 더 강해지고
신앙의 근육이 단단해졌습니다

나약하거나 좌절한 자들을
따뜻한 마음으로 바라보는
시력도 좋아졌습니다

이제는 폭풍우를 만나도
그것이 가르쳐 준 교훈들을 되새기며
그것을 또다시 보내 준
하늘의 뜻을 묵상합니다

A Rainstorm

While walking along the stormy path of life,
Sometimes I would drop
Too exhausted.

However, as time passes,
The tendon of patience has grown stronger,
And the muscle of faith has become firm.

My eyesight to look at weak or frustrated people
With a warm heart
Has also got better.

Now, even when encountering a storm,
I reflect on the lessons it has taught me
And meditate on the will of the sky
That sent it to me again.

파란 하늘

가슴이 짓눌릴 때
가끔 바라보면
파란 얼굴의 화사한 미소로
걱정, 슬픔, 분노 덩이를
시원한 바람처럼 날려 버려 줍니다

드넓은 가슴으로
평안, 위로, 소망의 빛을
공짜로 채워 주는 마음이
하늘 주인의 마음을 닮았습니다

바라볼 때마다
작은 일에 서운해하거나
화를 내는 좁은 가슴이
한없이 부끄럽습니다

수시로 바라보며
파란 미소와 드넓은 가슴을
머리와 심장에 가득가득 채우라고
하늘은 자비로운 눈빛으로 말합니다

A Blue Sky

When I sometimes look at the sky
At the time I feel a heavy pressure on my heart,
The sky, like the cool breeze, blows out
The lump of worry, sorrow and anger
With a bright smile of its blue face.

Its heart to fill for free
The light of peace, consolation and hope
With the broad chest
Resembles that of the lord of the sky.

Whenever I gaze at it,
I am infinitely ashamed
Of my narrow mind
Which becomes displeased or angry at small matters.

The sky, with merciful eyes, tells me
To look it up often
And fill my head and heart
With its blue smile and broad chest.

보름달

태양이 조금도 보이지 않건만
달은 만면에 미소 지으며
어두운 세상을 구석구석 비치고 있습니다

오, 달아
너는 태양이 보이든 말든
마음에 환한 거울을 달고
태양의 마음을 속속들이 전하고 있는 거니?

태양을 날마다 보고
그것의 마음을 온몸으로 감지하면서도
모든 빛의 아버지, 그의 마음을
왜 나는 맑은 거울로 비추지 못하는지
너는 아니?

"보고 믿는 자보다
보지 않고 믿는 자가 더 복되단다
그의 말씀으로
믿음의 시력을 높일수록
그의 마음을 더 밝게 비출 수 있을 거다"

A Full Moon

Even though the sun isn't visible at all,
The moon is shining every corner of the dark world
Smiling all over its face.

Oh, moon,
Whether the sun is visible to you or not,
Are you conveying the heart of the sun inside out
With a bright mirror in your heart?

Do you know
Why I, with a clear mirror, can't reflect
The heart of Him, the father of all light
Even though I see the sun every day
And sense its heart with my whole body?

"More blessed are those who believe without seeing
Than those who see and believe.
The more you raise the eyesight of faith
Through His words,
The brighter you can illuminate His heart."

석양

바라보기에
눈이 부시지도 않고
정열이 한낮처럼
뜨겁지도 않지만

하늘과 하나 되어
곱게 피어 있는 그건
장미보다도
고상하고 우아한 꽃

노년의 삶은
눈이 부시거나
뜨겁지는 않을지라도

하늘의 뜻과 하나 되어
품위 있게 피어 있는
석양 꽃이길 원합니다

"너의 뜻을 꽃피우려 애쓰지 말고
하늘의 뜻을 꽃피워라"

석양 꽃의 속삭임이
가슴 깊이 물듭니다

Sunset

Sunset is neither dazzling
To look at,
Nor is its passion as hot
As midday,

But sunset which blooms beautifully
United with the sky,
Is a nobler and more elegant flower
Than a rose.

Even though the life of old age
Is neither dazzling
Nor hot,

I want it to be the sunset flower
Blooming gracefully,
United with the will of heaven.

"Do not strive to bloom your own will,
But bloom the will of the sky."

The whisper of the sunset flower
Gets dyed deep into my heart.

천둥의 고함

우르릉 쾅
높은 탑을 세우려
날마다 가슴앓이하는 자들아

탑을 쌓기 힘들어 울고
높다란 남의 탑 쳐다보며 울고
쌓은 탑이 무너져 울다
인생의 모래알이 다 사라지기 전에
천둥의 고함을 들어라

우르릉 쾅
탑 쌓기에 모든 걸 걸고
남보다 많이 쌓아야
남들이 쳐다보는 꽃이 피는
땅의 법을 따르지 말고

햇살이 내려야
생명의 싹이 돋고
비가 내려야
잎이 나고 꽃이 피며
열매가 떨어져 죽어야
더 많은 생명이 태어나는
모두가 춤추는 꽃동산이 되는
하늘의 법을 배워라

Roars of Thunder

Rumble, bang.
Those who have heartburn every day
To build a higher tower,

Listen to roars of thunder
Before all the sands of life disappear
Crying because it's hard to erect a tower,
Crying looking at higher towers of others,
And crying because your erected tower has toppled down.

Rumble, bang.
Don't follow only the law of the earth
That the flowers, which others look up to, bloom
When you heap more than others
Casting the dice on erecting a tower,

But learn the law of heaven
That the flower garden, where all dance, is shaped
Because when beams of sunlight comes down,
Sprouts of lives come out,
When the rain comes down,
Leaves come out and flowers bloom,
And when fruits fall down and die,
More lives are born.

영(靈)의 바람

내 마음엔 자주 바람이 붑니다
침울한 날에는 따뜻한 바람이 불어와
위로와 용기의 말을 건네고
답답한 날에는 시원한 바람이 불어와
불안이나 분노의 열기를 식혀 줍니다

아무도 친절한 말을 건네거나
다정한 눈길을 주지 않던 어느 날
부드러운 바람이 마음에 다가와 속삭입니다

"나는 항상 너와 함께 있어
언제나 너를 사랑해
지금 내 사랑을 느껴 봐

아무 때나 어디서나 나를 불러라
네가 부르기 전부터
너를 돕기 위해
날개를 편 채 기다리고 있단다"

The Wind of Spirit

It often blows in my heart.
On a gloomy day, a warm wind blows into it
And hands words of comfort and courage to me,
And on a stuffy day, a cool wind blows into it
And cools down the heat of anxiety and anger.

On a lonely day that no one gives kind words
Or a friendly look to me,
A gentle wind approaches my heart and whispers:

"I'm always with you.
I always love you.
Feel my love now.

Call me anytime, anywhere.
I am waiting with open wings
To help you,
Even before you call me."

김완수 시인 시집 『대자연의 가르침』 평설

시간과 영원의 축제

김 봉 군 박사
가톨릭대학교 명예교수/문학평론가

1. 여는 말

　시 쓰기는 행간에 침묵을 심는 창조 행위다. 침묵이 깊을수록 표상의 속살이 웅숭깊고, 사유(思惟) 또한 더한 깊이를 가늠한다. 시의 말하기 방식(A way of saying)은 예각적이며 짧다. 필요한 경우에 맞게 필요한 만큼만 하는 효율적인 화법으로 표출되는 것이 서정시다.
　"시는 춤이요 산문은 산책"이라고 한 폴 발레리의 말은 명언이다. 춤은 리듬을 타고 곡절을 짓는다. 현대 서정시는 고정형 리듬을 깨뜨리고 무한 자유로 치닫다간 허방다리에 빠지곤 한다. 정형적 절제 지향성과 탈정형적 자유 지향성의 에너지가 긴장을 이룰 때 자유 지향성 쪽에 두어 걸음 더 나아간 자리에서 서정시는 생기를 얻는다.

김완수 시인은 기독교 시인이다. 신앙시집 『문명의 처방전』과 『감사꽃』, 『미친 사랑의 포로』를 이미 상재한 바 있는 김 시인에게 기독교 시 쓰기는 어느덧 사명이 되었다.

　신앙시 쓰기의 어려움은 믿음의 윤리와 미학적 감수성과의 길항에 있다. 신앙이 어지간한 경지에 들지 않고서는 믿음의 윤리가 감수성을 억압함으로써 시인의 창작물은 교훈시에 머문다. 또한, 유미적(唯美的) 감성에 편향되었다가는 알맹이 없는 기교의 시로 전락한다.

　기독교 신앙이 연역적으로 작용하는 곳에서 시는 소멸하고 교리만 남는다. 교리 문답과 신앙시의 차이를 두고 영적 고투를 한 시인에게 비로소 신앙시의 맑디맑은 에스프리를 체험한다.

　이 감격적인 계기에 비로소 시의 독자들은 신앙시에 마음을 연다. 긴 탐색과 '만남'의 과정이다. 일상에서 사람들은 직설적인 교훈의 화법에 질렸기 때문이다. 예술시로서의 신앙시의 기법에서 중요한 것이 '감추기'와 '드러내기'의 문제다.

　김완수 시인의 네 번째 신앙시집 『대자연의 가르침』은 어떤 화법으로 독자들을 불러들일까?

　문학 현상론자들이 목말라하는 과제다.

2. 김완수 시집 감동적으로 읽기

김완수 시의 소재는 크게 보아 식물, 동물, 땅과 바다, 하늘과 별의 넷이다. 대자연, 우주 만유다. 이 시집에 취택된 시의 소재들은 창세기 1장과 2장의 기사(記寫)를 아우른 것이다.

대자연의 만상은 영원의 투영체며 말씀의 실상(實相)이다. 여호와 하나님이 흙으로 각종 들짐승과 공중의 각종 새를 지으셨고, 아담이 공중의 새와 모든 들짐승에게 이름을 지어 주었다(창세기 2: 19-20). 하나님은 모든 들짐승과 날짐승, 푸나무 일체를 아담과 하와에게 주시고 다스리게 하셨다(창세기 1: 28-30). 문제는 "땅을 정복하라", "모든 생물을 다스리라"는 대목이다.

여기서 "다스리라"는 말은 모든 생명 있는 것의 주인(master of the fish, birds and all the animals)이 되라는 뜻이나, "땅을 정복하라"는 말이 문제다. '정복하는 것'(conquering, subduing)의 해석이 중요하다. 성서의 영역본에는 'Subdue'로 표기되어 있다. 지으신 모든 것이 "하나님 보시기에 좋았으니", 여기서 "정복하라"는 말씀은 '차지하여 잘 관리하라'는 뜻으로 해석된다.

르네상스적 인본주의에 심취한 서구인들이 근대화 과정에서 자연 파괴를 '정복'으로 오해함으로 지구 환경을 오염시킨 과오가 있었다. "에베레스트를 정복했다"는 말은 인본주의적 오만의 표출이다. "8,848미터의 에베레스트 정상에 올라 하나님 창조의 신비를 절감했다"는 고백이 옳다는 뜻이다.

크리스천인 김완수 시인의 자연 시편에 대한 설렘은 그러기에 소중하다. 다만 신앙시의 말하기 방식이 성서와 찬송가의 패러디에 그치지 않기를 소망한다.

1) 식물시

김완수 기도시의 첫 작품 〈새싹〉은 창조적 진실과 감동력으로 독자들을 초대한다. 창조적 진실은 낯섦과 익숙함이 길항을 빚으면서 하나가 되는 순간에 표출된다. 시의 자아는 새싹에게서 감옥의 암흑을 본다. 그에 그치지 않고 견고한 감옥 문을 녹이고야 마는 기도의 불기운을 감지한다. 만유의 주인만을 바라보는 결곡한 믿음 덕이다.

새싹의 감동적 은유는 기도의 용사다. 연약한 새싹의 연둣빛 머리 위로 울려 퍼지는 찬양의 노래는 이 순간 우주적 감동의 볼륨으로 증폭된다. 낯설되, 크리스천 독자들에게는 낯선 익숙함으로 다가온다.

신앙시의 관습은 대개 이 같은 패턴의 반복이게 마련이다. 이럴 경우에 귀한 것이 새로운 낯섦, 창조적 개별화다. 〈진달래〉가 그렇다.

진달래꽃은 우리 민족 절대다수에게 소월의 시 〈진달래꽃〉의 핵심 표상이다. 이별의 매개체이면서 슬퍼하되 상처만은 좋이 저미는 애이불상(哀而不傷)의 등가물이다. 진달래꽃의 한국

미학적 관습이다. 김완수 시인의 심미적 자아는 이 관습을 깨기에 성공했다. 관습을 깨뜨리는 그의 시학에는 세 개의 은유가 동원되었다. '기도의 불, 애국자, 감동의 설교'가 그것이다. 비애미에 고착되어 있었던 진달래꽃이 숭고미의 경지로 변용된 창조적 상상력이 감동을 환기한다.

담장 너머 고개를 길게 빼고서
수많은 꽃등을 줄지어 들고
온밤을 지새우며 기다릴 만큼
누구를 뜨겁게 사랑하느냐

겹겹이 불타는 꽃잎마다
영롱히 맺혀 있는 이슬방울은
그리움의 눈물처럼
애처롭게 빛난다

마음을 사로잡는
짙은 향기는
장미의 뜨거운 독백

"사랑은
삶의 소망이자 목적이다
사랑을 위해

인생 전체를 불태워라."

 식물시 중의 〈덩굴장미〉다. 우리는 무르익은 봄날 소담한 마을 집 담장에서 흔히 탐스러이 어우러진 덩굴장미를 만난다. "비둘기처럼 다정한 사람들이라면/ 장미꽃 넝쿨 우거진 그런 집을 지어요" 같은 노랫말을 불러오는 장면이다. 그만큼 사람들과 친근한 덩굴장미다. '홀로'의 미학을 넘어 '더불어의 미학'이 돋보이는 장면이다.
 이 시에서 덩굴장미는 막연한 아름다움의 대상이기를 넘어 절절한 기다림의 표상으로 클로즈업되었다. "온밤을 지새우며 기다릴 만큼" 절실한 기다림의 극한, 그것은 사랑의 극한이다. '인생 전체를 불태울, 삶의 소망이자 목적'인 절대적 사랑이다.
 시의 신앙적 자아, 심미적 윤리의 자아의 어조(tone)가 순수한 심미적 자아를 압도하는 상황이다. "시 쓰기가 행간에 침묵을 심는 행위"라는 시의 아포리즘이 유보될 수밖에 없는, 넘치는 신앙의 국면이다.

비가 오나 눈이 오나
한자리에 서서
녹색 손을 쳐들고
기도를 올립니다

〈소나무〉(부분)다. 15세기 조선 왕조의 충신 성삼문의, 목숨을 걸었으되 상대적이었던 충절의 표상이었던 소나무가 절대적 사랑을 위한 기도의 표상으로 변용되어 있다. 주자 성리학적 윤리의 세계에서 하나님 사랑의 우주적 표상으로 훌쩍 커 버린 상황이다. 미국의 시인 조이스 킬머의 신앙시 〈나무〉를 소환하는 작품이다.

"대지의 단 젖줄에/ 주린 입 꼭 댄 나무. // 종일토록 하나님을 보며/ 무성한 팔을 들어 기도하는 나무"의 기도시와 닮았다. "시는 나 같은 바보가 지어도/ 나무는 하나님만 만드시나니"라는 시인의 고백이 우리를 숙연케 한다.

김완수 시인의 시적 자아는 동어 반복의 매너리즘을 탈출하기 위해 반복(repetition)과 변이(variation)의 음악적 기법을 차용했다. 그 미학적 촉매는 은유다. '붉은 열정의 투사'의 〈고추〉, '부활의 표상'인 〈수박〉, 개별 존재들 모두가 '소중한 보물'인 〈해바라기와 채송화〉, '정결한 성자'요 '경건한 설교'인 〈대나무 숲〉, '하늘이 주신 꿈을 향해 차가운 절벽을 기어오르는 등반가'의 〈담쟁이 덩굴〉, '어둠의 감옥에서도 꽃으로 피어나는' 〈버섯〉, '찬 바닥 찬 공기에도 뜨거운 기도를 뿜어내는' 〈게발선인장〉, '찬바람의 채찍에도 부활의 영광을 꿈꾸는' 〈겨울나무〉 등이 감동적으로 술술 읽히는 이유다.

까만 씨 하나가 땅에 떨어져
커다란 수박들이 주렁주렁 열렸습니다

이 세상 그 누가
까만 씨 하나가 죽어
달콤한 수박들로 부활할 거라고
상상할 수 있을까요

〈수박〉(부분)이다. "까만 씨 하나"는 이 시에서 자아의 은유 내지 상징이다. 자아를 죽이고 창조주의 뜻을 따름으로써 이 땅에서도 풍성한 열매를 거두리라는 것이 이 시의 주제다. 발전적으로, 성서의 겨자씨 비유에 시적 상상력은 도약할 수 있다.

> 천국은 마치 사람이 자기 밭에 갖다 심은 겨자씨 한 알 같으니 이는 모든 씨보다 작은 것이로되 자란 후에는 나물보다 커서 나무가 되매 공중의 새들이 와서 그 가지에 깃들이느니라 (마태복음 13:31-32. 개역한글).

바람이 공격할 때마다
수시로 몸을 낮추지만
하늘을 향해 꼿꼿이 자랍니다

언제나 마음속을 깨끗이 비우고
하늘 향해 조용히 기도하며
정결(貞潔)한 성자들처럼 삽니다

그들의 삶 자체가
경건한 설교입니다

〈대나무 숲〉(부분)이다. 바람이 '공격자'로 표상화되었다. 바람의 원형 상징(archetypal symbol)은 우주의 숨결·자연의 기운·자유·역동성·가변성·시련·허무·영감·혁명·죽음 등이나, 여기서는 압제와 폭력을 상징하는 바람이다. 겸손한 자세로, 하지만 하늘을 향해 꼿꼿한 자세로 자라난다. 마음이 겸허하고 정결한 성자의 모습이다.

김완수 시인의 식물시는 신앙적 자세의 동어 반복적 패턴을 창조적으로 변용시키기 위해 창조적 은유와 상징 표상을 동원하기에 성공했다.

2) 동물시

김 시인의 동물시 〈나비〉는 고난 극복으로 도달할 영광의 문을 제시한다. '하늘나라 가는 길'의 동어 반복적 패턴을 예고하는 모티프일 수 있다. 그런데 〈지렁이〉는 하찮아 보이는 존재의

내면에 깃들인 가치를, 〈금붕어〉는 갇혀 사는 자의 기뻐하며 감사히 사는 삶의 역설적 의미를 보여 준다. 〈황소〉는 〈나비〉처럼 고난 체험의 표상이나, 묵묵히 되새김질하는 "인내와 순종의 스승"인 거룩한 은유로서 우리를 숙연케 한다.

〈새장 속의 새〉는 욕망의 굴레를 벗은 자족(自足)의 삶을, 〈꿀벌〉은 근면한 자의 기쁨의 춤을, 〈개미의 상상력〉은 가녀린 생명체부터 맹수에 이르기까지 '우주의 설계도'와 그 비의(秘義)를 전한다. 〈개〉는 주인을 왕으로 섬기는 순종을, 〈토끼와 오리〉는 하나님이 주신 유전자와 그 달란트의 의미를, 〈종달새〉는 '지으신 분의 사랑과 은혜'에 대한 찬양을 전한다.

〈거미〉는 '소망의 실타래를 풀어 놓고 기도하는 자'의 모습을, 〈독수리〉는 두려움과 좌절을 이겨 내는 수련의 가치를, 〈기린〉은 '눈앞의 보이는 보물보다 하늘의 영원한 보물'을 보라는 에피그램을, 〈암탉〉은 "불평 없이 주어진 사명의 길"을 걸으라는 깨우침을 준다.

가녀린 내 다리를 만드신 자가
호랑이의 날카로운 발톱과 사나운 이빨을
어떻게 만들었을까요?

조그만 나의 몸을 만드신 자가
드넓은 우주의 설계도를
어떻게 그렸을까요?

〈개미의 상상력〉(부분)이다. 지상과 공중과 천체와 광막한 우주 생성의 비밀에 대한 물음이다. 개미같이 하찮은 인간이 망원경이나 컴퓨터 등 자연 과학의 힘으로 창조주의 "설계도"를 인식하려 한다.

이 문제는 심각한 논의를 요구한다. 르네상스적 인본주의 사상이 팽배하게 된 근대 사회의 자연 과학적 사고력은 산업혁명과 실증주의(實證主義), 찰스 다윈의 진화론(1859)의 계보를 잇는 자연주의와 무신론적 실존주의를 낳았다. 실증주의 사회학의 창시자 오귀스트 콩트는 인류의 학문이 신학적 단계에서 형이상학적 단계를 거쳐 실증적 단계로 진보해 왔다고 했다. 신학과 형이상학의 종언을 선언한 것이다.

이 시대는 자연과학적으로 실제 증명할 수 있는 것만이 존재하며 진리라는 것이다. 하나님이 주재자이신 창조주는 부정되고, 빅뱅에 의한 우주 창조설이 진리로 군림한다. 그럴싸한 이 오만의 우주관은 하나님을 찾아가는 한 과정에 놓여 있을 뿐이다.

달리기 유전자가 빛나는 토끼는
산에서 살고
수영 유전자가 빛나는 오리는
강이나 호수에서 삽니다

〈토끼와 오리〉(부분)다. 창조주로부터 받은 유전자(잠재력)는 각각 다를 뿐 우열의 관계에 있지 않다는 존재관을 제시했다. 이것은 운명론이 아닌 구원의 은사요 섭리다.

김 시인의 동물시도 반복과 창조적 변이의 말하기 방식을 구사한 노작(勞作)들이다.

3) 땅과 바다의 시

땅을 주제로 한 시 〈호수〉에서 호수는 마음, 하늘은 창조주의 은유다. 〈지구〉는 운행과 우주의 섭리를, 〈파도〉는 믿음의 기적을, 〈산〉은 인생의 우여곡절을, 〈일출〉은 태양의 빛과 하나님의 참빛의 다름을, 〈오아시스〉는 목 타는 사랑과 안식처인 예수님을, 〈조약돌〉은 고난을 이긴 자의 영광을 노래한다. 〈온천〉은 뜨거운 사랑을, 〈폭포〉는 영적 활력을 채워 주는 장엄한 노래임을, 〈어둠〉은 기적처럼 찾아온 빛에 대한 기쁨과 감사심을, 〈빙하의 눈물〉은 자연을 해치는 도회 문명에 대한 개탄의 심경을 노래한다. 〈빙하의 눈물〉은 생태시다.

　　부드러운 파도의 춤에 맞춰
　　해변의 조약돌들이
　　경쾌한 노래를 연주합니다

파도가 물러가자
태양의 뜨거운 애무를 느끼며
보석 같은 몸매로 반짝입니다

〈조약돌〉(부분)이다. 찰싹이는 파도와 이에 시달려 잘가닥거리는 조약돌들의 소리는 춤과 노래의 은유다. 거기에 태양의 애무까지 더해진다. 광채 나는 조약돌들의 말은 "고난을 이기는 자들에게는 영광이 보석처럼 빛나리라"이다.

김완수 시의 종결부는 늘 주제연이다. 독자들의 오독(誤讀)을 저허한 배려로서, 성서의 패러디다. 감추기와 드러내기의 고심 어린 국면이다. "예술이란 독자로 하여금 묵상하게 하는 그 무엇이다"라고 한 비평가 생트 뵈브의 충고는 어찌할 것인가.

폭포는 쉬지 않고
하얀 피를 힘차게 내뿜으며
장엄한 노래를 부릅니다

그의 피는
예수의 거룩한 보혈처럼
방문객들의 오염된 심장을 씻어 주고

그의 노래는 성가처럼

방문객들의 혈관을
　　영적 활력으로 가득 채워 줍니다

〈폭포〉(부분)다. 어조가 비교적 장쾌하다. 치열성을 띠었다. 폭포의 은유가 하얀 피라니, 낯선 감동을 불러온다. 폭포의 하얀, 영험스러운 피이기 때문에 방문객들의 전신을 영적 활력으로 채운다.
　예술 창작이란 '낯설게하기'(defamiliarization)다. 크리스천들에게 관습적인 체험을, 창조적인 언어로 낯설게 함으로써 개별 작품이 작품이게 한다.
　김 시인의 땅과 바다의 시도 낯설게하기 기법으로 생기를 띤다. "예수 사랑 한량없도다/ 그 피 네 죄를 씻었네"는 폴 발레리가 말한 춤이요 노래다.

4) 하늘과 별의 시

〈눈이 내립니다〉는 반복과 변이가 노래와 춤을 타고 위로와 소망, 속죄와 구원의 메시지를 전한다.

　　펑펑 함박눈이 내립니다
　　지저분한 거리와 쓰레기장이
　　하얀 동화의 나라가 되었습니다

평평 함박눈이 내립니다
슬픈 자들과 실패자들의 가슴을
위로와 소망의 손길로 어루만집니다

평평 함박눈이 내립니다
죄인들 가슴속 죄와 허물을
하얗게 덮어 줍니다

〈눈이 내립니다〉(부분)이다. 어조가 안온하고 다사롭다. 눈이 위로와 용서와 사랑, 정화(淨化)의 표상인 까닭이다. 평화와 구원의 메시지다.

한 치 앞도 안 보이는
캄캄한 밤길을
환한 미소로 동행하는 님

말없이 앞장서서
밀려오는 두려움을 내몰고 가며
자갈길도 꿈을 깔아
황금길로 만들고

어두운 골짜기에

주저앉아 있을 때나
가파른 언덕길에
넘어져 있을 때는
걸음을 멈추고서
기다립니다

〈달〉(부분)이다. 캄캄한 밤길의 동행자, 두려움을 내몰고 자갈길을 황금 길로 만들어 주시는 인도자, 주저앉고 넘어졌을 때 기다려 주시는 구원자. 달이 영원한 동행자임을 고백한 신앙시다. 무소부재(無所不在), 무소불청(無所不聽), 무소불관(無所不觀), 무소부지(無所不知)의 하나님 체험의 생생한 증언이다.

또 〈비의 위로〉는 갈급한 소망에 응답하시는 하나님의 응답을 비의 은유로서 들려준다. 〈구름의 매력〉은 활력의 원천, 위로의 노래로서의 비를 찬미하며, 〈은하수〉는 웅장하고 화려한 우주의 노래, 빛의 대합창단으로서의 은하수에 감격해 한다.

캄캄한 하늘에
바닷가의 모래알처럼 빛나는
뭇별들

그 누가 광대한 우주에
지구보다 더 큰 별들을 뿌려 놓고

빛의 합창단을 지휘할 수 있을까요?

웅장하고 화려한 노래가
온 우주에 반짝입니다

근대시는 '들려주기'(telling), 현대시는 '보여주기'(showing)의 말하기 기법에 기댄다. 모처럼 보여주기 기법으로 쓰인 시다.
〈천둥과 번개〉는 하나님의 강렬한 경고를, 〈폭풍우〉는 "폭풍우 몰아치는 인생길"에서 얻는 연단과 이로 인해 단단해진 "신앙의 근육"의 의미를, 〈파란 하늘〉은 평안, 위로, 소망의 빛을 전한다. 〈보름달〉은 "믿음의 시력"으로 '보지 않고도 믿는' 참신앙을, 〈석양〉은 하늘 뜻의 표상을, 〈천둥의 고함〉은 욕망의 탑 쌓기의 무모함에 대한 경성(警醒)의 계기를, 〈영(靈)의 바람〉은 위로와 용기를 주고 불안과 분노의 열기를 식혀 주는 영적인 바람의 의미를 제시, 환기한다.

탑을 쌓기 힘들어 울고
높다란 남의 탑을 쳐다보며 울고
쌓은 탑이 무너져 울다
인생의 모래알이 다 사라지기 전에
천둥의 고함을 들어라

〈천둥의 고함〉(부분)이다. 탑은 욕망의 상징이다. 욕망 쌓기를 위해 끝없이 분투하는 인생의 허업(虛業)을 경성시키는 시다. 프랑스 정신 분석학자 자크 라캉은 "욕망의 주체는 나그네, 길은 사막, 대상은 신기루"라고 했다. 그럼에도 인간은 욕망이 있기에 살아간다고 했다. 그에 따르면, 인간의 인식 세계에는 상상계, 상징계, 실재계가 있으며, 이로 인해 인간은 불안에 찬 욕망 추구의 과정이 펼쳐진다는 것이다.

인간의 끝없는 허욕과 파멸의 결구(結構)는 바벨탑 이야기(창세기 11:9)에 극적으로 제시된 서사의 모티프다. 무욕견진(無慾見眞)이라 했다. 욕심을 버리면 진리를 보게 된다는 경구다.

김완수 시인의 이번 신앙시집은 이같이 하늘 말씀으로 끝맺었다. '말씀'의 준엄성을 깨우치는 교훈시다.

3. 맺는 말

이 글은 "시 쓰기가 행간에 침묵을 심는 창조 행위"라는 말로 시작되었다. 체험한 바를 짧게 예각적으로 표출해야 하는 서정시는 그러기에 필요한 말을 필요한 만큼만 해야 한다는 언어 경제성의 원리도 피력했다.

또 정형적 절제 지향성과 탈정형적 자유 지향성의 에너지가 긴장을 조성하되, 자유 지향의 좌표 쪽에 두어 걸음 나아간 자리에서 생성되는 것이 서정시라는 말도 잊지 않았다. 기독교 신앙시의 경우 강고한 신심(信心)이 연역적 중압감으로 군림하는 자리에서 시는 소멸하고 교리만 남게 된다는 에피그램도 덧붙였다.

이미 기독교 신앙시집 3권을 상재한 김완수 시인의 이번 시집의 소재는 식물·동물·땅과 바다·하늘과 별 등 하나님이 창조하신 자연 만상이다. 따라서 여기 수록된 시편들은 자연시요 생태시이면서 기독교 신앙시다.

첫머리 작품 〈새싹〉부터 창조적 진실이 익숙함과 낯섦 간의 길항을 통하여 하나가 되는 진실의 표상으로 다가온다. 시인은 신앙시에 공존하는 '대상 — 신앙적 인식 — 감동적 수용(受容)과 표출'이라는 시 쓰기의 관습을, 낯섦과 창조적 개별화를 통하여 '낯선 익숙함'으로 변용시켜 독자의 관심을 환기한다. 동일 또는 유사 패턴의 반복, 그 지루한 클리셰(cliché)의 극복을 위한 창조적 상상력이 실히 발현되는 국면이다.

김 시인은 우리 전통 미학적 비애미의 관습을 깨고 기독교적 숭고미의 정수를 보여 줌으로써 기독교 신앙시의 보편적 특성을 제시했다.

또한, '홀로'의 장미이기를 넘어서는 '더불어'의 덩굴장미에서 공동체의 사랑을 제시하는 것은 '낯선 익숙함'의 전범이다. 우리 전통미에서 충절의 표상이기에 고착되었던 소나무가 하나님을 향한 우주적 사랑의 표상으로 훌쩍 커 버린 심미적 윤리야

말로 경이롭다.

　김 시인은 동어·유사어 반복의 패턴에서 자유로워지기 위하여 반복(repetition)과 변이(variation)의 음악적 기법을 원용했다. 성서 모티프를 빌려 쓰되 현대 시학의 '보여주기' 기법에 다가가려 한다. 가령, 수박 한 덩이에서 씨앗 하나가 썩어 성취하는 성서의 모티프를 찾고, 세찬 바람에도 굳세고 곧게 자라나는 대나무 숲에서 곧은 신앙의 자세를 배우게 한다.

　폭포, 파도, 천둥 등 격정 어린 대자연 앞에서 어조가 켕기기도 하는 시인의 자아는 마침내 불변의 동행자와 해후한다. 그리고 끝내 저 무한 창공의 찬란한 은하수, 우주의 노래, 빛의 대합창단을 만난다. 감동의 극치다.

　특히 〈천둥의 고함〉에서처럼 욕망 쌓기를 위해 끝없이 분투하는 인생의 허업(虛業)을 경성(警醒)시키는 심미적 윤리는 극적 텐션으로 우리 독자들을 숙연케 한다.

　김완수 시인은 문학 현상론이 요구하는 독자와의 역동적 소통의 중요성을 아는 문인이다. 성서 말씀과 찬송가, 크리스천의 드러내기 화법을 넘어 감추기 기법을 구사했다. '여호와 하나님·예수 그리스도·주님' 등 특수어 대신 보통어 '조물주·만드신 분' 등으로, 미신자인 독자들의 공감에 호소했다. 그리고 성서적 사랑과 인내와 구원의 메시지는 마지막 연에 실었다.

　가브리엘 마르셀이 말했듯이 자연 만상은 영원계의 투영체다. 자연의 변환이란 시간과 영원이 조응(照應)하는 축제다. 시는 그 축제의 현저한 언어적 표상이다. 현대의 비극은 사람과 자연의 분리(detachment), 사람 상호 간의 분리, 사람과 영원(절대자)과의 분리로 인해 빚어진다.

 김완수 시인은 이 분리를 총체적 만남으로 이끄는 진리 전파의 사도다. 자연 표상과의 대화와 그 표출의 영감과 노작(勞作)은 그 오메가를 지향하는 알파다.

 과제가 주어졌다. 신앙시가 성서 말씀과 찬송가의 패러디이기를 넘어서기 위해서는 그 화법은 '행간의 침묵 속에 숨기기'여야 한다. '믿음의 고백·환난 체험·구원'의 동일·유사 패턴의 단순 반복이 아닌 창조적 표상화 기법이 구사되어야 옳다. '들려주기'와 '보여주기' 화법이 중요하다는 뜻이다. 크리스천 시인들에게 주어진, 묵중하나 영광된 난제다.

 김완수 시인의 창조적 영성(spirituality)과 노작에 찬사를 보낸다.

• 김봉군 약력 •

서울대학교(문학·법학)와 대학원을 마침. 문학박사, 문학평론가, 가톨릭대학교 명예교수, 교육부 교육과정·교과서 심의·심사위원장, 흥사단 민족통일운동본부 교육문화위원장, 초원봉사회 고문, 한국문학비평가협회 회장, 한국독서학회 창설 및 초대 회장, (사) 세계전통시인협회 한국본부 이사장, 한국문인협회 자문위원.

저서로는 『문장기술론』, 『한국현대작가론』, 『다매체시대 문학의 지평 열기』, 『문학 작품 속의 인간상 읽기』, 『독서와 가치관 읽기』, 『문학 이론과 문예 창작론』, 고등학교 교과서 『문학』, 『독서』, 『작문』 등 20여 권이 있음.

"함께 읽으면 좋은 김완수 시집"

미친 사랑의 포로

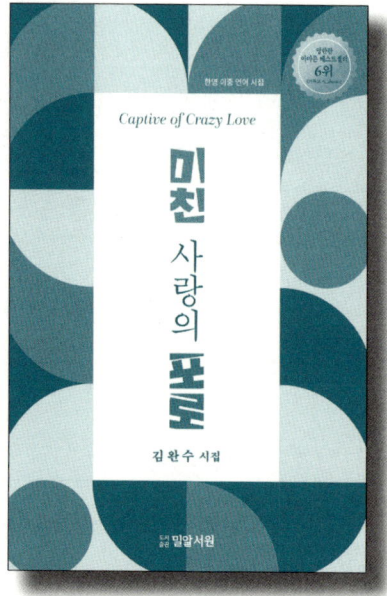

김완수 지음 | 130x200mm | 148면

조건 없이 베푸시는 하나님의 무한한 사랑을 이기적인 인간의 사랑에 대비하여 '미친 사랑'으로 표현, 고단한 삶에 지친 사람들에게 하나님의 위로와 격려를 전한다.